麦积文物菁华

麦积区博物馆　编

黄伟民　主编

文物出版社

图书在版编目（CIP）数据

麦积文物菁华 / 麦积区博物馆编；黄伟民主编. --
北京：文物出版社，2025.3
ISBN 978-7-5010-8380-0

Ⅰ．①麦… Ⅱ．①麦… ②黄… Ⅲ．①麦积山石窟－
文物－考古－概况 Ⅳ．①K879.24

中国国家版本馆CIP数据核字(2024)第053095号

麦积文物菁华

编者：麦积区博物馆

主编：黄伟民

封面题签：安文丽

责任编辑：王　伟
责任印制：王　芳
出版发行：文物出版社
社址：北京市东城区东直门内北小街 2 号楼
邮编：100007
网址：http://www.wenwu.com
邮箱：wenwu1957@126.com
经销：新华书店
印刷：雅昌文化（集团）有限公司
开本：889mm×1194mm　1/16
印张：14.75
版次：2025 年 3 月第 1 版
印次：2025 年 3 月第 1 次印刷
书号：ISBN 978-7-5010-8380-0
定价：396.00 元

目 录

序　言

天水市麦积区地处甘肃东南部，秦岭西端北麓，是甘肃省和天水市的东大门，滚滚渭水横贯全境，沃沃良土遍及山川，地理位置独特，是华夏文明发祥地之一。新石器时代远古先民依渭河而居，筚路蓝缕、耕牧渔猎、筑屋制陶，创造了灿烂辉煌的文化。先秦时期，秦人先祖在此修养生息、历兵秣马、壮大力量，从而蓄积东进，称霸中原，建立了中国历史上第一个封建制帝国。自秦汉以后，随着民族融合、丝路通商，多种文化在此交流发展、融会贯通。佛教东传过程中，这里成为重要的中转站，兴塔建寺，开窟造像。隋唐至明清以来，不断演绎着战火洗礼、社会发展、文明传承的跌宕兴衰。悠悠历史长河中，麦积承载了几千年的文化沉积，特殊的地理位置，悠久的文明历史，使麦积区有着极为丰富的文物遗存，在社会发展新时期，他们将滋养着现代文明，散发出新的光辉！

天水市麦积区博物馆成立于2002年9月，为综合性历史文物收藏国有二级博物馆，是全省文化遗产"历史再现"工程博物馆，先后被授予甘肃省"爱国主义教育基地"、第三批"社会科学普及示范基地"、"第一批省级中小学生研学实践教育基地"、天水市第三批"全市民族团结进步教育基地"等荣誉称号。

天水市麦积区博物馆现有馆藏文物15类，包括化石、骨器、石器、玉器、陶器、铜器、书画、瓷器、货币、杂项等，共计5000多件，时间跨度涵盖自新生代第四纪至明清以降。在琳琅满目的历史文物中，麦积区博物馆最具特色的藏品包括史前生产、生活用具、青铜器及铜镜、佛教造像、瓷器等。

史前生产、生活用具：麦积区位于黄河中上游地区，史前文明灿烂辉煌。经田野普查发现，现今区内发现的典型遗址有距今6800至4800年的樊家城遗址，距今6800至3600年的柴家坪遗址、张罗遗址、马跑泉遗址等，文化类型包括仰韶文化、马家窑文化、齐家文化等，出土了十分丰富的石器、陶器、玉器等遗物，并有多处人类聚落遗址、墓葬等，证明了这一时期麦积区先民已进入了政治、经济、文化、艺术等都相对发达繁荣的历史阶段。其中，仰韶文化以中、晚期文物为多，马家窑文化中马家窑类型、半山类型、马厂类型均有发现，齐家文化分布较马家窑文化更为广泛，呈现出遗址多、内涵丰富的特点，寺洼遗址也有发现，并出土一定数量的文物。

青铜器及铜镜：青铜器的使用可追溯到新石器时代晚期，主要流行于商、周、秦、汉时期。早在西周时期，其西部边地今麦积区放马滩一带居住着嬴姓部落，其首领非子为周王室牧马有功，周孝王赐予一块土地让非子建立城邑作为周王朝的附庸，号为秦邑。此后，秦人开始发展壮大逐鹿中原。董家坪遗址、蔡科顶遗址、汝季遗址、放马滩战国秦汉墓群等都是这一时期麦积区的重要遗址，各类遗存的发现说明先秦时期麦积区是重要的封邑和军事要地。馆藏青铜器主要有礼器、乐器、兵器、工具、车马器等，是研究秦文化的重要实物资料。

中国铜镜自齐家文化开始，其铸造工艺、造型、纹饰等方面都表现出浓郁的时代特征。麦积区博物馆馆藏铜镜众多，主要有中国铜镜发展高峰时期的汉代、唐代铜镜，如连弧纹昭明铜镜、"章武元年"铭文夔龙纹铜镜、菱花瑞兽鸾雀花卉纹铜镜等。也有铜镜样式最为多样的宋代铜镜，如亚字型凤鸟牡丹连珠纹铜镜、双鱼纹带柄镜、花卉人物镜等。铜镜纹饰体现的内容或神秘诡异，或形象写实，反映着古人精神文化的变化。

佛教造像：随着丝绸之路的开通，从西秦北朝至隋唐宋元，麦积区以独有的地理位置成为我国宗教传播的兴盛地之一，是各类教派思想的聚集地，形成了浑厚的多元的艺术文化。如麦积山石窟体现的佛教文化，仙人崖石窟汇集佛道儒三家文化，石门建筑群反映的道教文化等。馆内藏品中有佛教题材文物包括石刻，铜、石造像，碑碣等。其中，北周建德二年的观音石造像、明代鎏金铜座佛具有很高的艺术价值和研究价值。

瓷器：瓷器是中国古代的伟大创造，是中华民族对世界文明的重大贡献。在经历了商周原始瓷、六朝及唐宋青瓷、白瓷、彩瓷、元青花、釉里红瓷的发展后，明清瓷器步入了一个崭新的阶段，制瓷业生产出现了许多新变化。同时，伴随着瓷器烧制工艺的发展、成熟，窑址逐渐遍及全国，名窑星罗棋布。我馆馆藏瓷器多系宋至清代瓷器，越窑、钧窑、耀州窑、磁州窑瓷器均有收藏，其品类多样，单色瓷素雅淡净，彩绘瓷细腻艳丽，各具特色。

文物不仅生动述说着过去，也深刻影响着当下和未来。博物馆作为文化展示的窗口，承担着挖掘文物内涵、讲好文物故事、弘扬中华优秀传统文化的重任。为了发挥馆藏文物的收藏、教育和研究功能，我们精心挑选了200余件馆藏精品文物著成此书，供社会各界热爱文物的人士欣赏、研究，以期对文化事业做出贡献！

远古印记

第一章

新生代第四纪

新生代第四纪是地质时代中的最新的一个纪, 包括更新世和全新世。其下限年代多采用距今260万年, 一直延续至今。第四纪是人类出世并迅速发展的时代, 与此同时生物界各类物种已进化到现代面貌。本馆所藏第四纪生物化石主要有猛犸象、犀牛、三趾马、肿骨鹿等动物牙、角、齿和骨骼化石, 以及蚌化石和鸟卵化石等, 这些化石遗物, 证明在新生代第四纪麦积区已分布着比较丰富的物种, 这些物种与人类一起进化, 共同构筑了现在的生物圈和生态系统。

象牙化石

新生代第四纪
通长71厘米，上径7.3厘米，下径9厘米

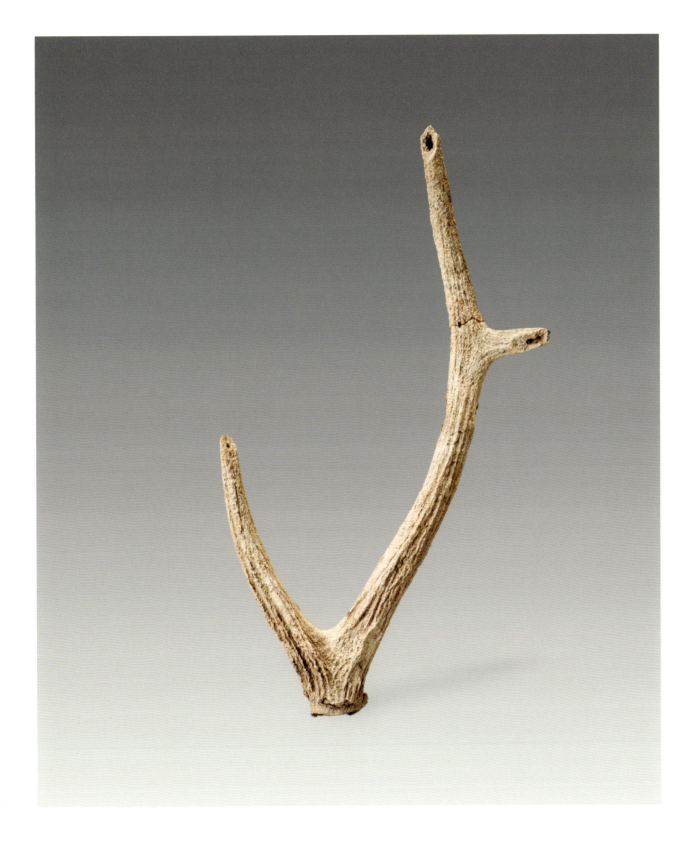

鹿角化石

新生代第四纪

通长57厘米，通宽31.5厘米

象牙臼齿化石

新生代第四纪

通长15.3厘米, 宽9厘米, 高6.2厘米

猛犸象臼齿化石

新生代第四纪

通长14.7厘米, 宽8.6厘米, 高6.7厘米

蚌壳化石

新生代第四纪

长径3厘米，厚2厘米

鸟卵化石

新生代第四纪

长径4.4厘米，短径3.7厘米

史前文明

第二章

新石器时代

古老的渭河贯穿麦积区全境，在渭河及其支流沟峁纵横的河谷以及台地上，考古发现了距今约8000年至4000年的罗家沟、马跑泉、柴家坪、樊家城、卦台山等众多的遗址。史前先民披荆斩棘，为中华文明的诞生做出了不可磨灭的贡献。

仰韶文化距今约7000至5000年，可分为早、中、晚三期，是我国黄河流域分布最广的史前文化，也是中华文明的主要源头之一。红色的陶质、独特的纹饰、完美的造型是该时期陶器的典型特征，这一时期的重点文物为尖底瓶。尖底瓶是仰韶文化的代表性器物，多为泥质红陶或橙黄陶，小口、细颈、双耳、尖底，腹部饰线纹或绳纹。早期是葫芦形口，中期为双唇口，晚期为平沿口或喇叭形口。我馆收藏的早期葫芦形口尖底瓶十分罕见。

马家窑文化是黄河上游新石器时代晚期文化，因最早发现于甘肃省临洮县洮河西岸的马家窑村麻峪沟口马家窑遗址而得名。马家窑文化主要分布于甘肃省中部的黄河、洮河、大夏河以及湟水流域，距今约5000至4000年，通常分为马家窑、半山、马厂三个持续发展的时期或类型。马家窑文化是中国彩陶艺术发展的巅峰阶段，彩陶纹饰精美绝伦，图案绚丽典雅，充分展示了甘肃先民高超的审美情趣和艺术才华。

骨针

新石器时代

长7.2厘米, 直径0.3厘米

石斧

新石器时代

长22厘米, 宽13.4厘米, 厚3厘米

石刀

新石器时代

长19.3厘米, 宽4.5厘米, 厚0.5厘米

石镰

新石器时代

长37厘米, 宽10厘米, 厚1厘米

石斧

新石器时代

通长38厘米，宽12厘米，厚3.6厘米

卷唇沿鱼纹彩陶盆

仰韶文化早期

高14厘米, 口径39.7厘米

鱼纹彩陶盆

仰韶文化早期

高14厘米, 口径47厘米

弦纹彩陶盆

仰韶文化早期
高12厘米, 口径30.7厘米

葫芦口尖底陶瓶

仰韶文化早期

宽14.6厘米, 通高31.5厘米, 口径4.2厘米, 腹径11.1厘米

三角纹双耳陶缸

仰韶文化早期

高14.5厘米, 口径11厘米

弦纹陶罐

仰韶文化早期

高19.5厘米，口径17.5厘米

弧三角网纹侈口陶壶

仰韶文化晚期

高32.8厘米, 口径15.5厘米

（1）

（2）

漩涡纹彩陶罐（一对）

仰韶文化晚期

（1）高14.5厘米, 口径8.7厘米, 腹径12.1厘米, 底径6.8厘米

（2）高14.1厘米, 口径8.6厘米, 腹径12.5厘米, 底径7厘米

弧三角圆圈纹彩陶壶

仰韶文化晚期

高20.6厘米, 口径5.5厘米, 腹径16厘米, 底径8.5厘米

漩涡纹长颈彩陶瓶

仰韶文化晚期

高17.5厘米，底径6.5厘米

漩涡纹长颈彩陶瓶

仰韶文化晚期

高17.5厘米，底径6.5厘米

(1)   (2)   (3)

石笄（一组3件）

仰韶文化晚期

(1)通长8厘米

(2)通长11.9厘米

(3)通长15.1厘米

漩涡网格纹彩陶壶

仰韶文化晚期

高18厘米，口径7.5厘米，腹径14.7厘米，底径5.9厘米

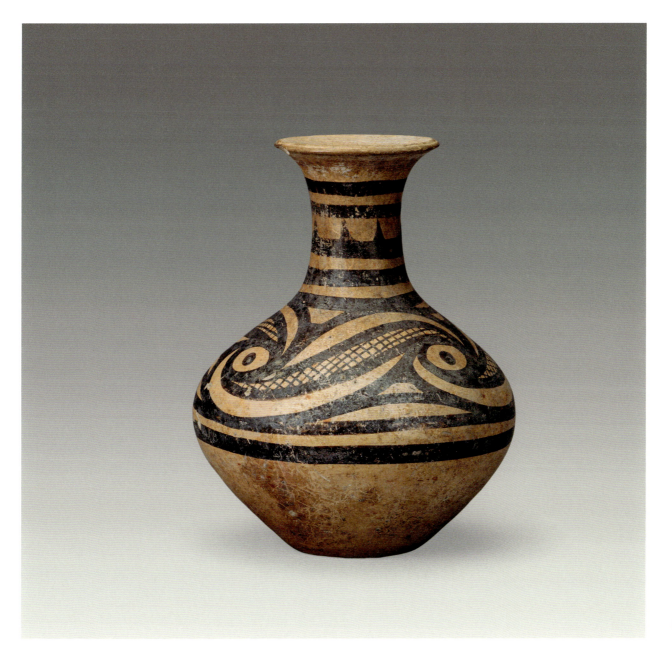

漩涡纹双耳陶罐

仰韶文化晚期

高22.5厘米，口径14厘米

尖底陶瓶

仰韶文化

高37.5厘米，口径6.3厘米，腹径13厘米

小口平底陶瓶

仰韶文化

通高29.2厘米, 口径7.5厘米, 腹径12.3厘米, 底径6.7厘米

双耳红陶瓶

仰韶文化

通宽25厘米, 通高33.8厘米, 口径10.7厘米, 腹径19.7厘米, 底径13.2厘米

交叉网格纹彩陶罐

马家窑文化

高13厘米, 口径9.5厘米, 腹径15厘米, 底径7.5厘米

漩涡网格纹陶壶

马家窑文化

高53厘米, 口径13厘米

几何纹陶壶

马家窑文化

高44.5厘米，口径13厘米

几何纹陶壶

马家窑文化

高44.5厘米，口径13厘米

锯齿漩涡纹陶壶

马家窑文化半山类型

高42厘米, 口径10.5厘米

锯齿贝叶纹单耳彩陶罐

马家窑文化半山类型

高19.5厘米，口径9.1厘米，腹径20.5厘米，底径7.7厘米

平行锯齿纹陶壶

马家窑文化半山类型
高41厘米，口径13厘米

四大圆圈纹陶壶

马家窑文化半山类型
高23.5厘米, 口径7.5厘米

马家窑文化半山类型
高23.5厘米, 口径7.5厘米

葫芦锯齿纹陶壶

马家窑文化半山类型
高22厘米, 口径11厘米

四大圆圈网格纹陶壶

马家窑文化半山类型
高29.5厘米, 口径10.5厘米

菱格纹陶壶

马家窑文化半山类型
高33.5厘米，口径13.7厘米

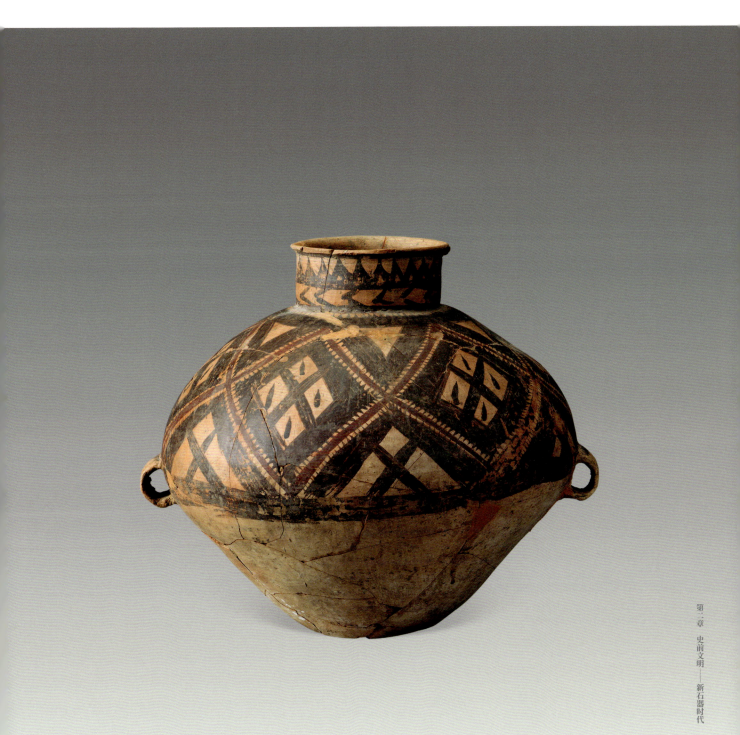

马家窑文化半山类型
高33.5厘米，口径13.7厘米

"卍"字纹彩陶罐

马家窑文化马厂类型

通宽32厘米，通高30厘米，口径11厘米，腹径29厘米，底径9厘米

四大圈纹彩陶罐

马家窑文化马厂类型

通宽38厘米，通高37.3厘米，口径12厘米，腹径33厘米，底径10厘米

四大圆圈网格纹陶壶

马家窑文化马厂类型
高45厘米，口径17厘米

马家窑文化马厂类型
高45厘米，口径17厘米

蛙纹双耳彩陶壶

马家窑文化马厂类型
高45.5厘米, 口径16厘米

四大圈纹彩陶壶

马家窑文化马厂类型
高44厘米，口径17厘米

四大圈纹彩陶壶

马家窑文化马厂类型

高44.5厘米, 口径16厘米

折线网格纹陶罐

马家窑文化马厂类型

高32.5厘米，口径21.5厘米

竖条纹单耳彩陶壶

马家窑文化马厂类型
高25厘米，口径9.5厘米

竖条纹单耳彩陶壶

马家窑文化马厂类型
高25厘米，口径9.5厘米

弧线纹双錾彩陶钵

马家窑文化马厂类型
高12.5厘米，口径22厘米

第三章

青铜肇始

青铜时代

距今大约4000年，我国进入了青铜时代，我区境内发现的齐家文化、寺洼文化、西周文化均属这一时期。铜器的使用、国家的建立、文字的出现，标志着人类社会已脱离了蒙昧和野蛮，进入一个全新的文明社会时代。

齐家文化最早发现于我省广河县齐家坪遗址，省内各地均有分布，距今约4200至3700年，相当于中原地区的夏商时期。这一时期陶器已普遍使用，由于注重生活实用性，该时期的陶器造型美观多样，带耳器较多，彩陶较少。同时，铜器也开始使用，既有红铜，也有青铜。玉器也大量出现，如玉璧、玉璜等，主要用于祭祀，玉器为甘肃青铜文化增添了独特的魅力。

寺洼文化因首先发现于我省临洮县寺洼遗址而得名，主要分布在甘肃的中东部地区，距今约3400至2700年，大体相当于商代至春秋早期，他们可能是文献记载中的西北戎族。典型器物有马鞍口罐和铲足鬲等，青铜制品中出现较多的小型兵器，说明当时征战频繁。

西周时期，我区地处周王朝的边缘地区，但却是重要的封邑和军事要地，出土铜器中既有祭祀礼器，又有车马器，具有典型的西周文化特征。这一时期的重点文物有铜簋，铜簋作为盛放煮熟的黍、稷等饭食的器具，是商周时期与列鼎配合使用的祭祀礼器。

三角网格纹单耳彩陶罐

齐家文化

宽8.6厘米, 高7.2厘米, 口径5.5厘米, 腹径7.9厘米, 底径4.5厘米

双耳陶罐

齐家文化

通高17厘米，口径13厘米，腹径19.8厘米，底径10厘米

双大耳陶罐

齐家文化

宽12厘米, 高12.5厘米, 口径10厘米, 腹径7.7厘米, 底径6.5厘米

双大耳陶罐

齐家文化

宽18.5厘米，高19厘米，口径11.7厘米，腹径16厘米，底径7.8厘米

袋足红陶内模

齐家文化

高18厘米，腹径8.5厘米

玉璧

齐家文化
内径5厘米，外径23.6厘米，厚2.1厘米

玉璜（组合8件）

齐家文化

(1)长11厘米，　宽4.4厘米，厚0.4厘米
(2)长11.8厘米，宽4.4厘米，厚0.4厘米
(3)长8.3厘米，　宽3.8厘米，厚0.3厘米
(4)长10.4厘米，宽2.8厘米，厚0.4厘米
(5)长10.7厘米，宽2.9厘米，厚0.3厘米
(6)长8.9厘米，　宽2.9厘米，厚0.3厘米
(7)长7.4厘米，　宽2.5厘米，厚0.5厘米
(8)长5.8厘米，　宽1.6厘米，厚0.2厘米

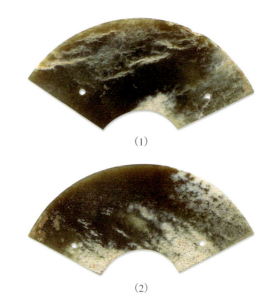

(1)

(2)

(3)

(4)、(5)、(6)

（7）

（8）

玉璧

齐家文化

内径4.5厘米, 外径10.6厘米, 厚0.6厘米

玉璧

齐家文化

内径4厘米, 外径12.9厘米, 厚0.9厘米

双鋬陶鬲

寺洼文化

宽39厘米，高37.5厘米，口径30厘米

马鞍口双耳陶罐

寺洼文化

宽17.2厘米，高21.7厘米，口径12.9厘米，腹径13.5厘米，底径7.6厘米

马鞍口双耳陶罐

寺洼文化

宽17.2厘米，高21.7厘米，口径12.9厘米，腹径13.5厘米，底径7.6厘米

鸟纹双耳彩陶壶

辛店 文化

高34.3厘米, 口径14.5厘米

细绳纹双錾圜底罐

辛店 文化

高25.5厘米，口径16.5厘米

坑纹陶鬲

夏商

宽9.5厘米，高12.7厘米，口径8.5厘米

联裆陶鬲

西周

宽19厘米，高18.3厘米，口径18.5厘米

兽面纹铜簋

西周

宽32.5厘米, 高17.9厘米, 口径23.1厘米, 底径18.3厘米

错银铜軎

西周

（1）宽4.2厘米，高6.2厘米，上下圈径3.7厘米

（2）宽4.2厘米，高6厘米，上下圈径3.7厘米

第四章

嬴秦故园

战国秦汉时期

战国时期是社会大变革的时代，生活在我区的主要是不断壮大的秦人和各支戎人部族，最终，秦国在多年的征伐中逐渐统领了泾渭流域并发展壮大，逐鹿中原。出土文物中大量的兵器见证了当时的频繁战事。

秦汉时期，这里与中原文化同步发展。1986年，甘肃省文物考古研究所在党川乡放马滩墓地清理了14座战国晚期至西汉初年的墓地，其中1号墓出土战国晚期秦国竹简460枚，内容主要为占卜使用的《日书》和《墓主记》，同时还出土了四块邽县木板地图，四块木板共绘有七幅地图，其中三块正反面绘制，一块只绘有一面，地图上绘有山川、关隘、道路、乡里、林木等信息，大体反映了战国时期秦国邽县周边区域的地形地貌。5号墓出土了西汉初年纸质地图。这是目前世界上已知最早的纸质地图和木版地图，它们与秦简都是我国重大的考古发现，具有重要的研究价值与历史意义，展现了早期文明的历史风采。

据史料记载，经考古发现证实，秦人的发祥地为包括麦积区在内的陇右天水一带。周孝王时期，秦人先祖非子养马有功，孝王乃"分土为附庸，邑之秦，号曰秦嬴"，最终秦国成为战国七雄之一，进而统一中国。公元前688年，秦武公在此设置邽县，麦积区始为"华夏第一县"。

带铭文铜扁铃（一组2件）

战国

（1）长11.7厘米，宽8.4厘米，厚5.8厘米

（2）长11.1厘米，宽8.1厘米，厚5.5厘米

（1）   （2）

铺首衔环铜壶

战国

宽23.5厘米，高30.2厘米，口径12厘米，腹径23.5厘米，底径14厘米

虎形流三足铜盉

战国

宽24厘米，高17.5厘米，口径10.3厘米，腹径20.5厘米

弧刃曲柄环首铜削刀

战国

长26.4厘米, 宽2.6厘米, 厚1厘米

环首弧刃铜削刀

战国

长20厘米, 宽2.4厘米, 厚0.5厘米

双环首一字格铜短剑

战国

长22.7厘米, 宽2.3厘米, 厚0.4厘米

环首一字格铜短剑

战国

长21.1厘米, 宽3厘米, 厚0.35厘米

铜剑

战国

长40厘米, 宽3.5厘米, 厚0.6厘米

山字纹铜剑

战国

长33.5厘米, 宽4.5厘米, 柄厚2.7厘米, 刃厚0.7厘米

铜剑柄

战国

长15.4厘米，宽7.1厘米，厚3.8厘米

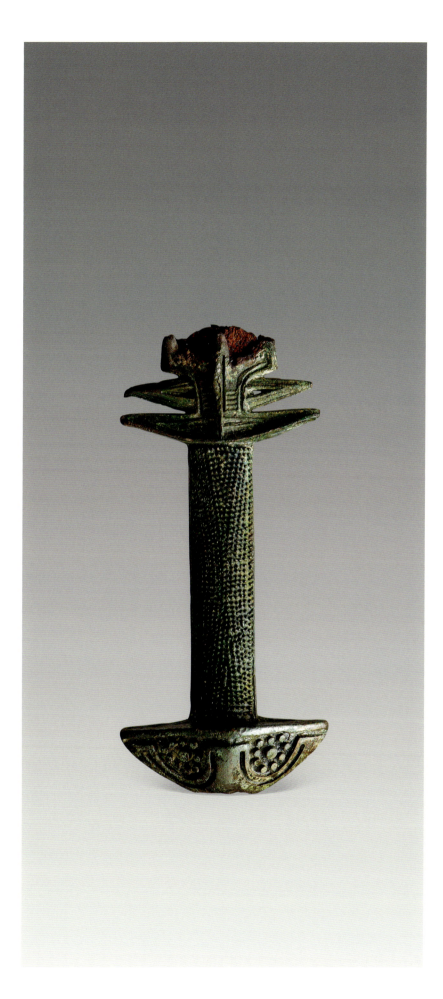

车马饰

战国

长11厘米, 宽7.5厘米, 厚0.4厘米

车马饰

战国

长11厘米, 宽7.5厘米, 厚0.4厘米

铜戈

战国

（1）长11厘米，宽7.5厘米，厚0.4厘米

（2）长18.5厘米，宽11厘米，厚0.2厘米

（3）长17.9厘米，宽10.6厘米，厚0.3厘米

（1）

（2）

（3）

立耳铜鼎

战国
宽11.8厘米, 高10.1厘米, 口径11.5厘米

茧型陶壶

秦

高19厘米, 口径9.5厘米, 腹长径20厘米, 腹短径16.5厘米

双系三足灰陶罐

秦

高11.5厘米，口径7.5厘米，腹径15厘米，底径5厘米

双系三足灰陶罐

秦

高11.5厘米，口径7.5厘米，腹径15厘米，底径5厘米

直口瓜棱花卉纹陶罐

秦

高12厘米，口径9厘米，腹径13厘米，底径8厘米

单耳三足陶罐

秦

通高12厘米, 口径10厘米, 腹径13.5厘米

蒜头铜壶

秦

宽22.4厘米, 高35厘米, 口径3.2厘米, 腹径22.4厘米, 底径13.8厘米

熊虎斗铜镇

汉代

单个高3.6厘米，底径7.3厘米

熊虎斗铜镇

汉代

单个高3.6厘米，底径7.3厘米

船形铜灯

汉代
长13.2厘米，宽7厘米，高13.5厘米

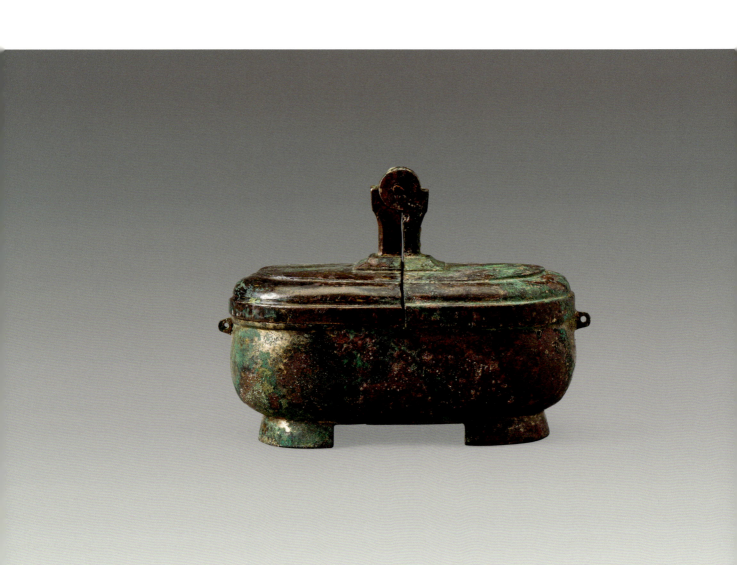

船形铜灯

汉代
长13.2厘米，宽7厘米，高13.5厘米

折柄铜灯

汉代

宽16.2厘米，高12.7厘米，口径9.3厘米，底径6.2厘米

铜軎

汉代

高6.7厘米，底径7.1厘米

高柄铜灯

汉代
高17厘米，口径12.5厘米，底径10厘米

如意纹铜灯

汉代

宽7.3厘米，高6.9厘米，口径7厘米，底径6厘米

三足铜烛台

汉代

宽10.1厘米, 高12.2厘米

铜博山炉

汉代
高18.5厘米，口径8.1厘米，底径16.5厘米

铜钫

汉代

高44厘米, 口径11.3厘米

胡人骑马铜俑

汉代

长6.4厘米, 宽1.8厘米, 高6.5厘米

彩绘铺首衔环灰陶钫

汉代

宽20.5厘米，高41.5厘米，口径12.5厘米，腹径20.5厘米，底径13.5厘米

折柄带流铜鐎斗

汉代

长29.3厘米, 宽19.5厘米, 高13.4厘米, 口径 14.7厘米

带盖铜鼎（一组2件）

汉代

(1) 宽23厘米, 高19.3厘米, 口径16.4厘米

(2) 宽20厘米, 高16.2厘米, 口径15.5厘米

(1)

(2)

双系衔环带盖铜扁壶

汉代

宽27.7厘米，高29厘米，厚9.3厘米，口径7.6厘米

铜井

汉代

长18.5厘米, 宽18.5厘米, 高32厘米

铜匜

汉代

通长37厘米, 高11厘米, 口长径37厘米, 口短径28.5厘米

铜带钩(一组5件)

汉代

(1)长10.4厘米,高1.1厘米,厚1.3厘米

(2)长12.9厘米,高1.7厘米,厚1.5厘米

(3)长13.3厘米,高1.3厘米,厚1.8厘米

(4)长13.1厘米,高1.6厘米,厚1.2厘米

(5)长16厘米,　高1.4厘米,厚1.3厘米

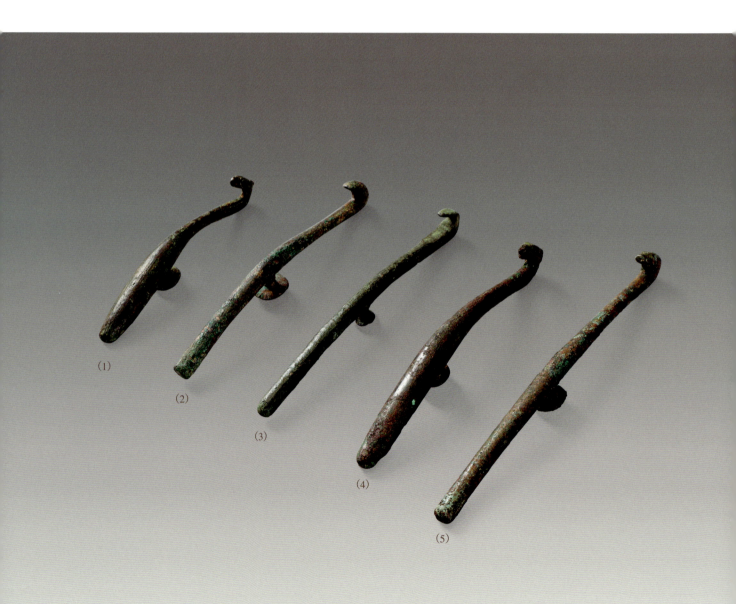

铜龟

汉代

长10.5厘米，宽5.6厘米，高5.1厘米

昭明镜

汉代

直径15.7厘米，厚0.8厘米

铭文：内区铭文："内清质以昭明，光辉象夫日月，心忽扬愿忠，然雍而不"

外区铭文："以侍君乎止如皎光而耀美，挟佳都而无间，康欢察而性宁，志存神而不迁，得并观而不弃，精昭折而今"。

连弧纹昭明铜镜

汉代

直径10.8厘米, 厚1厘米

铭文: "内而清而质而以而昭而明而光而日而月而忽"。

绿釉陶灶

汉代

长32厘米, 宽20.5厘米, 高11.5厘米

绿釉陶灶

汉代

长32厘米, 宽20.5厘米, 高11.5厘米

绿釉铺首衔环陶壶

汉代

高35厘米, 腹径22.8厘米

绿釉陶井

汉代
高27.4厘米, 口径11.5厘米, 底径13厘米

绿釉三足陶奁

汉代

高12.5厘米, 口径19厘米

绿釉熊陶灯（一对）

汉代

（1）高27.6厘米，口径12.7厘米，底径15厘米

（2）高29厘米，口径12.5厘米，底径15.5厘米

（1）

（2）

红陶鸡

汉代

长18厘米, 宽8厘米, 高20.3厘米

灰陶猪

汉代

长15厘米, 宽6厘米, 高9厘米

红陶狗

汉代

长8厘米, 宽6.5厘米, 高11.6厘米

灰陶熊

汉代

长7厘米, 宽6.7厘米, 高14厘米

单耳螺旋纹红陶灯

汉代

高24厘米，口径8厘米，底径16厘米

灰陶房

汉代

长35厘米, 宽27.5厘米, 高31.5厘米

灰陶房

汉代

长35厘米, 宽28.5厘米, 高32厘米

彩绘灰陶房

汉代

长39.5厘米, 宽21.5厘米, 高37.4厘米

人俑双管石灯

汉代

长11.6厘米, 宽9.1厘米, 高18.5厘米

板瓦

汉代

长69厘米, 宽34.5厘米, 厚2.5厘米, 弧长39厘米

云纹单耳石杯

汉代

通宽10.9厘米, 通高8.6厘米, 口径7.7厘米

石虎

汉代

通长27厘米，宽16厘米，通高37厘米

"长宜子孙"铭文连弧缠枝纹铜镜

东汉

直径12.3厘米，厚0.8厘米

铭文："长宜子孙"。

四乳螭龙连珠纹铜镜

西汉

直径14.3厘米，厚0.8厘米

连弧乳钉纹铜镜

汉代

直径10厘米，高1.1厘米

环带瑞禽神兽铜镜

东汉
直径9.1厘米，厚1.1厘米

环带神兽铜镜

东汉
直径10.7厘米，厚1.2厘米

缠枝花卉连弧纹铜镜

东汉

直径12厘米，厚1.5厘米

缠枝纹神兽铜镜

东汉

直径14.3厘米，厚1.2厘米

铜甑

汉代

宽24.1厘米，高14.2厘米，口径24.1厘米，底径11.6厘米

铜灶（釜）

汉代

灶通长44厘米，宽26.8厘米，高22.5厘米

釜通高11.5厘米，口径9.3厘米，宽20.4厘米

铜剑

蜀汉

长35.1厘米, 宽3.2厘米, 厚0.7厘米

"章武元年"铭文夔龙纹铜镜

蜀汉章武元年（221年）

直径14.9厘米，厚1.2厘米

铭文："章武元年，二月作竟，德扬宇宙，咸镇八荒，除凶辟兵，昭民万方"。

石窟佛光

第五章

魏晋南北朝隋时期

天水市麦积区旧称北道埠，扼守关陇咽喉，素有"陇右门户"之称，是古老的陆路丝绸之路上经济文化交流和佛教东传的必经之地。早在魏晋南北朝时期，就已成为关陇一带佛教发展活跃的地区之一，隋唐时期进入鼎盛阶段。北魏前期的佛像受犍陀罗造像的影响，处于中西文化融合的阶段，魏孝文帝改革以后，出现了"秀骨清像"。西魏造像面相丰圆，形态潇洒，褶襞稠密。北周造像身材修长，衣着轻柔，线刻简洁。隋唐时期佛像雕塑基本上是北周风格的延续与发展。约自384年至417年（十六国后秦时期）在小陇山境内始凿麦积山石窟，后历经1600多年不断地开凿扩建与修缮，逐渐形成了以著名的麦积山为中心的佛教石窟艺术及其周边的以佛、道、儒三教合一的仙人崖石窟和以纯道教为主的石门道教建筑群等，同时，形成了包括瑞应寺、灵应寺、净土寺、罗汉崖等众多寺庙在内的佛、道、儒文化寺庙群及众多的殿堂建筑。各类宗教寺院及殿堂中的许多精美的造像与壁画，不仅弥补了麦积山石窟的不足，同时，补充和延伸了以麦积山石窟为中心的陇右宗教文化内涵，使麦积成为陇右最重要的宗教文化的兴盛之地。

麦积山石窟是中国四大石窟之一，1961年被国务院批准为第一批全国重点文物保护单位，2014年被联合国教科文组织列入"世界文化遗产"名录。据历史文献记载，石窟开凿于十六国时期的后秦，历经北魏、西魏、北周、隋、唐、宋、元、明、清等13个朝代的不断开凿与修葺，距今已有1600余年的历史，现存洞窟221个、各类造像3938件10632身，壁画979.54平方米，各代造像与壁画，以其精湛优秀的雕塑技艺、民族化和世俗化的表现方法、形神兼备的动人形象，被誉为"东方雕塑陈列馆"。

仙人崖石窟位于麦积区东南，小陇山境内，距麦积山约12公里。仙人崖山峦叠翠，风景秀美，为国家5A级风景名胜区——麦积山风景名胜区的重要组成部分。现存北魏、宋、明、清各代塑像197尊，壁画320平方米及明清殿宇21座。为我国释、道、儒三教合一的典型的宗教圣地，是麦积山石窟的延续和发展，不仅展现了明清时期古代秦州地区宗教发展的现状，而且更加丰富了天水一带的宗教文化内涵，现为全国重点文物保护单位。

莲花手观音铜像

13世纪

通高11.7厘米

越窑鸡首壶

晋

高14.5厘米

石坐佛像

北朝
长16厘米, 宽8.5厘米, 高22.5厘米

石坐佛像

北朝

长23厘米, 宽8厘米, 高41厘米

青釉瓷盂

北朝

高11.6厘米，口径10厘米，腹径13.5厘米，底径8.5厘米

"建德二年"铭文石观音站像

北周建德二年（573年）

长18.5厘米，宽16厘米，高63厘米

铭文："观世音菩萨。弟子刘长寿，为合家大小、
法界终生普得佛道。建德二年四月廿日敬造"。

北周建德二年（573年）

长18.5厘米，宽16厘米，高63厘米

小口陶罐

北 朝

高36厘米, 口径8厘米, 腹径22.4厘米, 底径11.3厘米

彩绘扇形独龛石佛

隋代

长17厘米, 宽7.8厘米, 高34厘米

第六章

盛世荣光

唐宋时期

唐宋时期是我国封建社会的鼎盛阶段。本馆馆藏文物中唐宋时期文物也最为丰富，陶器、铜器、瓷器等种类较多、品相较佳，从不同层面展现唐宋文化的发展和社会文明进步的历程。我区出土的唐代文物中以铜镜和唐三彩最为精美，雕工精细的鸾雀菱花铜镜、色彩艳丽的唐三彩显示了大唐帝国的繁荣及高超的艺术水平。

　　宋金时期天水为宋金交界点，因为战争拉锯，宋、金在不同时期各有占领，时为军事要塞，经济、文化较为繁荣，20世纪80年代到现在，在花牛、伯阳、元龙等乡镇沿渭河流域河谷及二、三级台地，发现多处宋金时期古墓，大多为砖雕彩绘墓，墓砖质均为青灰色，砖上刻有器乐伴奏、人物演奏、舞蹈等戏曲表演的图像内容。特别是1982年伯阳乡南集村宋墓出土的戏曲彩绘雕砖，色彩艳丽，造型生动，充分展示了北宋器乐舞蹈演出的繁华场面，对于研究天水地区宋人生活具有重要的历史、艺术研究价值。

　　宋代手工业、商贸业十分繁荣，制镜工艺已十分成熟，铜镜使用也比较普遍。"湖州照子"流通南北，在我馆收藏的铜镜中宋镜的数量最多、制镜形制多样，反映了宋代社会的进步和经济的繁荣。

　　宋代是中国陶瓷发展的辉煌时期，不管是在种类、样式还是烧造工艺等方面，均位于巅峰地位。宋瓷在中国陶瓷工艺史上，以单色釉的高度发展著称，器形优雅，釉色纯净，图案清秀，无与伦比。当时出现了许多举世闻名的名窑和名瓷，如汝窑、官窑、哥窑、定窑、钧窑、耀州窑等，被西方学者誉为"中国绘画和陶瓷的伟大时期"，也通过瓷器贸易，影响全世界，让中华文明传遍世界每一个角落。

鸾雀菱花形铜镜

唐代

直径13.5厘米，厚1.3厘米

海马葡萄纹铜镜

唐代

直径10厘米，厚0.9厘米

唐三彩釜

唐代
高14.2厘米, 腹径19.5厘米, 口径12.6厘米

双系瓜棱陶罐

唐代

高21.5厘米，口径13.5厘米，腹径20厘米，底径9厘米

唐三彩净瓶

唐代

高26.5厘米，口径5.9厘米，腹径13厘米，底径7.6厘米

彩绘塔式陶罐

唐代

通高28.4厘米, 口径9.5厘米, 腹径16.5厘米, 底径8.3厘米

击鼓图彩绘雕砖

宋代

长31厘米, 宽17厘米, 厚5.5厘米

侍女捧盅图彩绘雕砖

宋代

长28.5厘米, 宽17厘米, 厚5.5厘米

拍板图彩绘雕砖

宋代

长30厘米, 宽17.5厘米, 厚5.5厘米

站立图彩绘雕砖

宋代

长28.2厘米, 宽17.2厘米, 厚6厘米

笙鼓作乐图彩绘雕砖

宋代

长30.5厘米, 宽30.5厘米, 厚5厘米

击乐图彩绘雕砖

宋代

长30厘米, 宽30厘米, 厚5厘米

笛箫吹奏图彩绘雕砖

宋代

长30.5厘米, 宽30.5厘米, 厚5.5厘米

侍女推磨图雕砖

宋代

长30厘米, 宽29.5厘米, 厚5厘米

人物担物图雕砖

宋代

长29.5厘米, 宽29.5厘米, 厚4.5厘米

侍女托盘图雕砖

宋代

长27.5厘米, 宽27厘米, 厚4.5厘米

侍女候浴图雕砖

宋代

长27.8厘米, 宽26.5厘米, 厚5厘米

拴马图雕砖

宋代

长30厘米, 宽30厘米, 厚5厘米

正面

反面

拴马图雕砖

宋代

长29.5厘米, 宽28厘米, 厚5厘米

侍女候浴图雕砖

宋代

长29.5厘米, 宽29.5厘米, 厚5.5厘米

彩绘牵马图雕砖

宋代

（1）长30厘米，宽15.5厘米，厚5厘米

（2）长30厘米，宽14.5厘米，厚4.5厘米

（1）

（2）

陶方彝

宋代
高48厘米，口径18厘米，腹径20厘米，底径18厘米

磁州窑缠枝牡丹纹梅瓶

宋代

高39厘米, 口径6厘米, 腹径18厘米, 底径10.2厘米

铜钵

宋代

长18厘米，宽20.2厘米，高6.8厘米

耀州窑青釉印花瓷碗

宋代

高6厘米，口径16厘米，底径4.6厘米

耀州窑青釉瓷碗

宋代
高7.5厘米，口径20.6厘米，底径5.5厘米

耀州窑青釉印花瓷盏

宋代

高4.4厘米，口径10.4厘米，底径3厘米

耀州窑青釉瓷盂(一对)

宋代

(1)高7.2厘米, 口径10.6厘米, 足径5.4厘米

(2)高7.3厘米, 口径10.7厘米, 足径5.7厘米

(1)   (2)

耀州窑青釉刻花香炉

宋代

高9厘米，直径11.7厘米

菱花形牡丹纹铜镜

宋代

直径12.6厘米, 厚0.7厘米

菱花形八卦纹铜镜

宋代

直径15.5厘米, 厚0.5厘米

柿蒂规矩纹铜镜

宋代

直径16.7厘米，厚1厘米

柿蒂规矩纹铜镜

宋代

直径16.7厘米，厚1厘米

百乳规矩纹铜镜

宋代

直径15.5厘米, 厚0.9厘米

亚字形凤鸟牡丹连珠纹铜镜

宋代

长17.9厘米, 宽17.9厘米, 厚0.3厘米

葵花形缠枝牡丹纹铜镜

宋代

直径11.7厘米, 厚0.8厘米

花卉水波纹铜镜

宋代

直径11.9厘米, 厚0.8厘米

缠枝牡丹纹铜镜

宋代

直径15.5厘米，厚1.2厘米

葵花形湖州石氏铜镜

宋代

直径14.1厘米，厚0.6厘米

铭文："湖州真石家念二叔照子"。

瑞兽草叶诗文铜镜

宋代

直径18.1厘米, 厚1.5厘米

铭文: "团团宝镜, 皎皎升台, 鸾窥自舞, 照日花开, 临池满月, 睹貌娇来"。

花卉人物铜镜

宋代

直径9.6厘米, 厚0.6厘米

弦纹敞口铜觯（一对）

宋代

（1）口径5厘米，底径5.9厘米，高15.4厘米

（2）口径5.2厘米，底径6厘米，高15.4厘米

（1）　　　　　　　　　　　　　　　（2）

葵花形湖州石氏铭文铜镜

南宋

直径8.6厘米, 厚0.4厘米

铭文: "湖州石念二真□青铜镜"。

湖州石氏带柄铜镜

南宋

长24.3厘米, 厚0.4厘米, 镜身直径14.3厘米

铭文: "湖州真石家念二叔照子"。

双鱼纹带柄铜镜

金代

通长18.6厘米(其中柄长8.8厘米)，厚1厘米，直径9.6厘米

连币纹铜镜

南宋
直径19.8厘米，厚1厘米

"承安四年"铭文铜镜

金代承安四年（1199年）
直径9厘米，厚0.7厘米
铭文："承安四年上元日，陕西东运司官造，监官录事任（花押），提控运使高"（花押）。

钧窑靛青釉盘

金代

高3.8厘米，直径15.7厘米

酱釉瓷碗

金代

高7.4厘米, 口径17.6厘米, 底径5.4厘米

酱釉瓷碗

金代

高7.4厘米, 口径17.6厘米, 底径5.4厘米

黑釉瓷碗

金代

高6.8厘米，口径18.9厘米，底径6.1厘米

近古珍藏

第七章

元明清时期

本馆馆藏元、明、清时期的文物，种类繁多，制作精良，反映出这一时期经济、文化仍有长足的进步。尤其是瓷器、玉器的生产达到了新的高度，显示了能工巧匠的超凡技艺。书画作品也是名家名作辈出，反映了这一时期绘画书法艺术的新发展。

馆藏元代铜权均有明确制造年代，为研究元代的度量衡制度提供了弥足珍贵的资料。明代造型独特的宣德炉、纯正夺目的红釉瓷瓶、精美的冰裂纹瓷盆等文物，从不同角度反映出社会经济的发展程度。这一时期还有大量金铜造像，是以黄铜或青铜铸造并在表面鎏金，这些造像工艺精巧，造型端庄，皆为佛教艺术瑰宝。

大德九年款铜权

元代　大德九年（1305年）
宽4.6厘米, 高9.5厘米
正面阴铸铭文"兴元路官造", 背铸铭文"大德九年"。

大德九年款铜权

元代　大德九年（1305年）
宽4.6厘米, 高9.5厘米
正面阴铸铭文"兴元路官造", 背铸铭文"大德九年"。

黄绿釉陶盂

元代

高27厘米，口径19厘米，腹径19厘米，底径15.5厘米

青釉瓷碗

元代

高7厘米, 口径15.9厘米, 底径5.5厘米

钧窑瓷碗

元代

高7.5厘米, 口径18.1厘米, 底径6.4厘米

三彩瓷瓶

元代

高45厘米, 口径21.5厘米, 腹径23厘米, 底径17厘米

鎏金菩萨铜坐像

明代

长12.2厘米, 宽8厘米, 高18.7厘米

铜坐佛

明代

长2.1厘米，宽1.4厘米，高3.2厘米

铜坐佛

明代

长2厘米，宽2.4厘米，高8.8厘米

刘海戏金蟾铜像

明代
(1) 宽7.7厘米, 高13.3厘米
(2) 宽7.2厘米, 高13.1厘米

(1)   (2)

高僧铜坐像

明代

长13.5厘米，宽11.1厘米，高18.5厘米

竹叶纹瓦形瓷盘

明代

长23.5厘米, 宽17.5厘米, 高3.8厘米

朱砂瓷瓶

明代

通高55.5厘米，口径19.5厘米，腹径24厘米，底径16厘米

蓝釉敛口瓷钵

明代

高8.3厘米，口径20.1厘米，底径10.2厘米

荷叶形木底座

明代

高8厘米，直径25厘米

镂空套接圆木底座

明代

通高15厘米

六角宣德炉

明代

高20厘米，口径18.2厘米

罗汉形根雕

明代

(1)宽13厘米, 高22厘米

(2)宽13厘米, 高23.5厘米

(1)

(2)

狮形钮铜熏炉

明代

通高17.5厘米，口径8.2厘米

双鱼形玉佩

清代

通长6.8厘米, 宽5.6厘米, 厚0.6厘米

和田玉镯

清代

直径8.1厘米

和田玉镯

清代

外径8厘米, 内径6.4厘米, 厚0.8厘米

翡翠玉镯

清代

外径7.4厘米, 内径5.9厘米, 厚0.8厘米

玉带钩

清代
长11厘米，宽2.2厘米，高2.7厘米

檀木镶嵌玉如意

清代

长47厘米, 宽13.5厘米, 高15.6厘米

如意头玉片长9厘米, 宽8厘米, 厚0.4厘米

如意腹玉片长8.4厘米, 宽4.5厘米, 厚0.4厘米

如意尾玉片长5.5厘米, 宽4.8厘米, 厚0.4厘米

粉彩大瓷瓶

清代

高57.5厘米, 口径20厘米, 腹径23厘米, 底径19.5厘米

粉彩八卦图瓷盘

清代

高5.6厘米, 口径25.2厘米, 底径16.2厘米

粉彩蝴蝶花卉纹瓷盘

清代

高3.8厘米, 口径13.4厘米, 底径7厘米

粉彩蝴蝶花卉纹瓷盘

清代

高3.8厘米, 口径13.4厘米, 底径7厘米

光绪款描金粉彩碗

清

高8.1厘米，口径13.6厘米

石雄狮

清代

长19.5厘米, 宽11.5厘米, 通高23厘米

石雄狮

清代

长19.5厘米, 宽11.5厘米, 通高23厘米

白鹤形铜水烟锅

清代

宽10.6厘米, 通高32.5厘米

罗汉形铜水烟锅

清代
宽14厘米，通高38.2厘米

鎏金铜欢喜佛

清代

长7.4厘米, 宽4.2厘米, 高11.1厘米

兰竹四条屏

清

郑板桥

纵135厘米，横35厘米

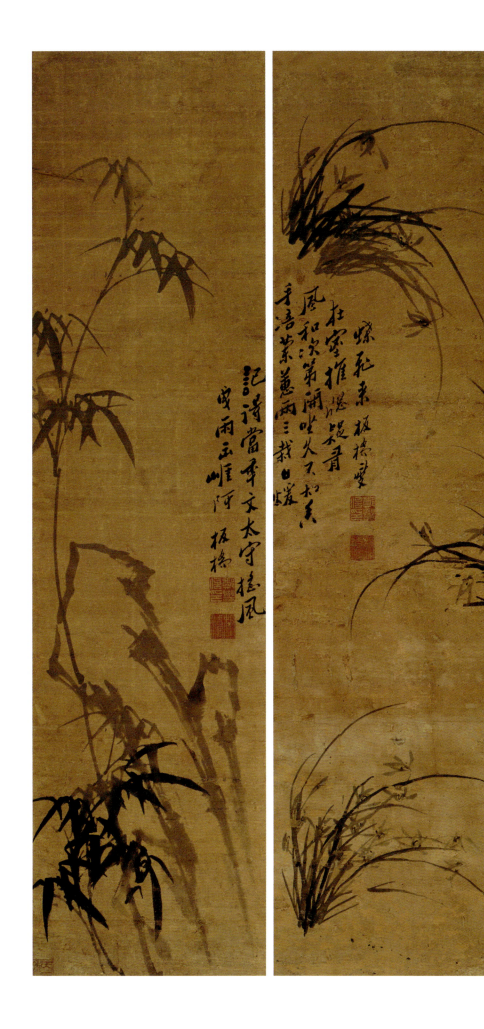

記詩當年文太守撫風

歲雨玉峰嶼阿 板橋

風和次第雨開唯火不和美

在室推燒懸暖骨

蝶飛來未板橋曼

手搖菜蕙兩三栽日暖

月兔桃花图

清

陆治

纵103厘米, 横43厘米

芦雁图

清

赵冲谷

纵115厘米, 横55.5厘米

沙弥托杯行径图

清

赵雪堂

纵130厘米，横66厘米

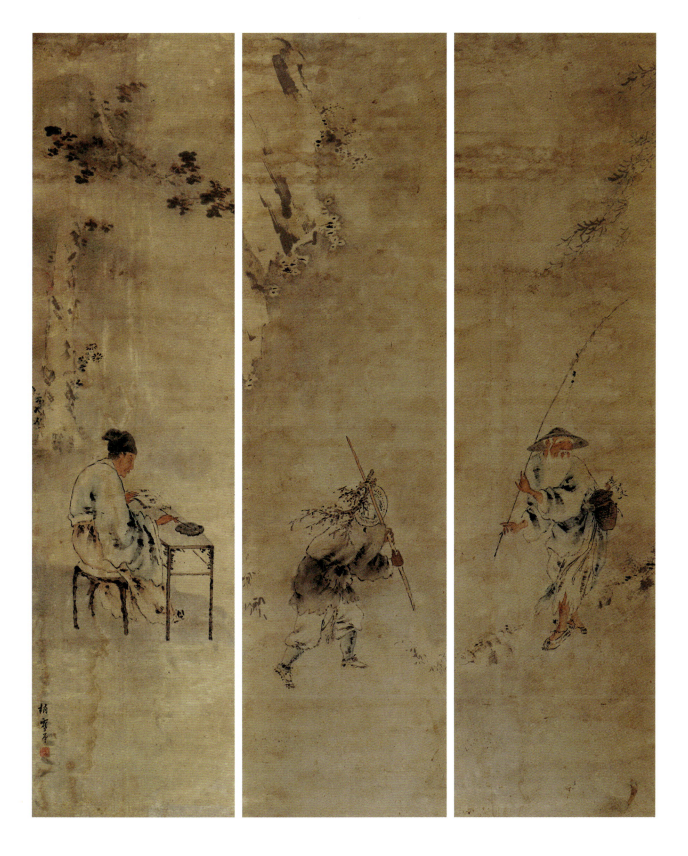

渔樵读人物条屏

清

赵雪堂

纵162厘米，横43厘米

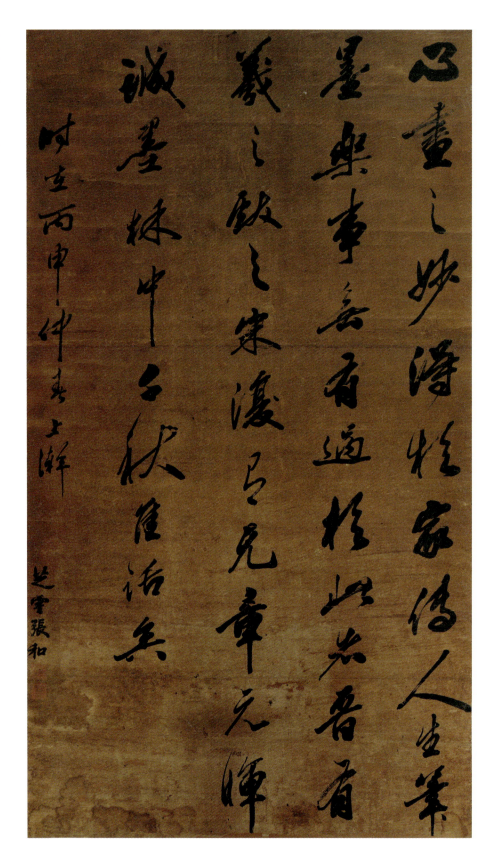

行书中堂

清

张和

纵152厘米，横89厘米

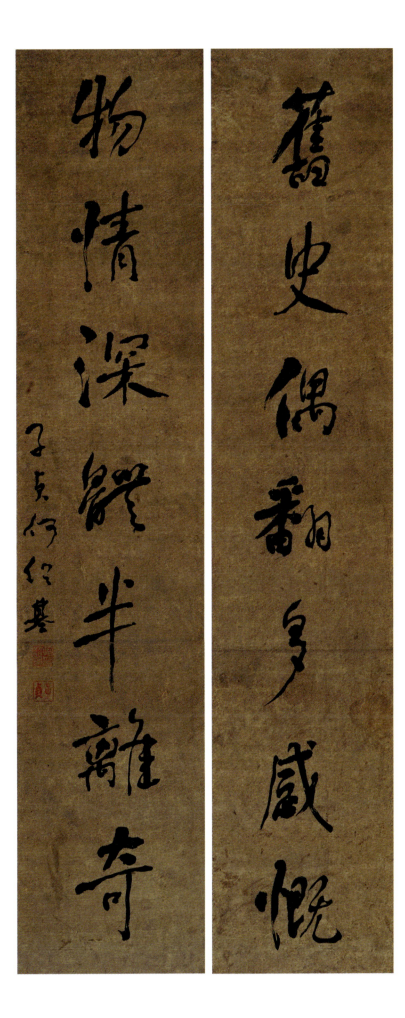

舊史偶翻多感慨

物情深體半離奇

行书对联

清

何绍基

纵126厘米,横26厘米

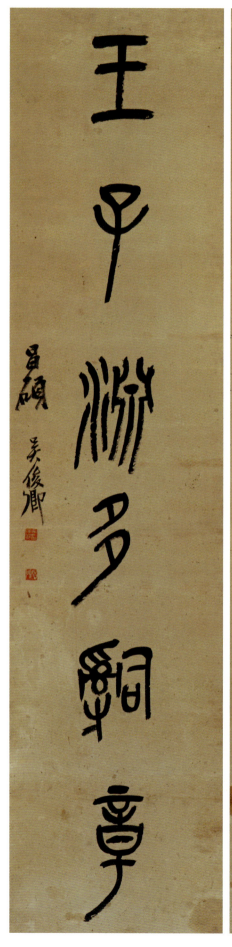

篆书对联

清

吴昌硕

纵136厘米，横32厘米

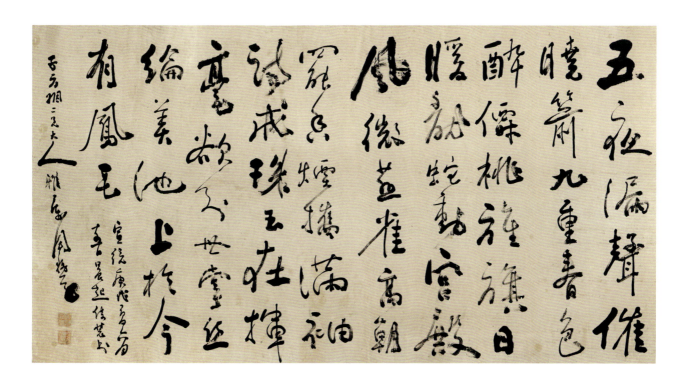

行书

清

周务学

纵89厘米，横164厘米

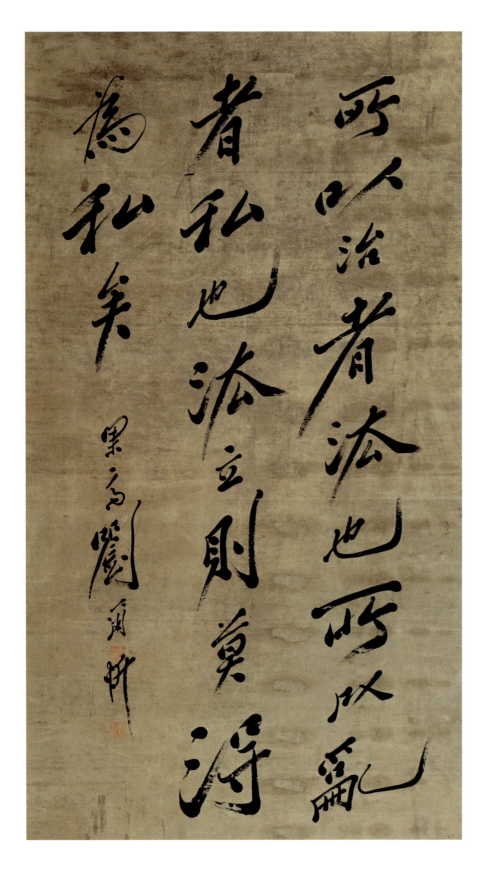

行书中堂

民国

刘尔忻

纵176厘米，横94厘米

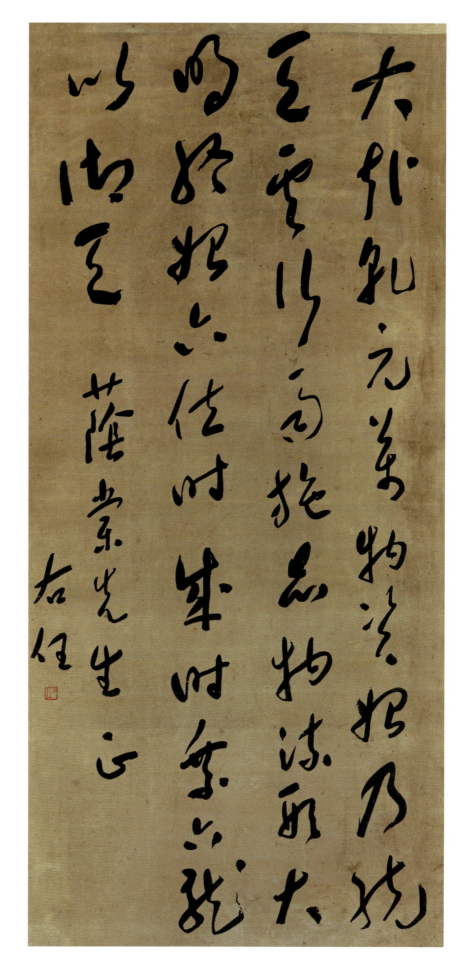

行书中堂

民国

于右任

纵124厘米,横58厘米

后 记

　　本书遴选麦积区博物馆馆藏精品文物向读者加以介绍,这些精品文物都在各自的门类中具有一定的代表性,可以组成一部形象生动的"麦积区文化发展史"。除了馆内旧藏的文物,还遴选了一些近年新入藏的文物,如唐三彩釜、宋耀州窑青釉刻花香炉、金代钧窑靛青釉盘、清光绪款描金粉彩碗等,都是各时期珍贵的瓷器,也为麦积区的文化遗产增添了新的内容。部分馆藏文物由于出土资料不完整,加上自身水平有限,限制了我们的继续研究,所以书中如有疏漏与错误,恳请广大读者批评指正。

　　文物是我国古代无数劳动人民的伟大创造和智慧结晶,文物用自己的语言讲述了麦积区悠久的历史,用特有的艺术形式展现了麦积区灿烂的文化,让麦积从远古走到现在。解读馆藏文物将进一步加深我们对华夏文明的认知和理解,增强文化自信心和自觉性,激发精神动力,激励我们在这片古老而神奇的天河热土上创造更加辉煌灿烂的明天!